AF339798

DISCOURS

PRONONCÉ LE 30 OCTOBRE 1871 AU BOURGET

PAR M. FRANCIS AUBERT

EN L'HONNEUR

DES MILITAIRES TUÉS AU BOURGET

DANS LES COMBATS

Des 28, 29 et 30 octobre 1870

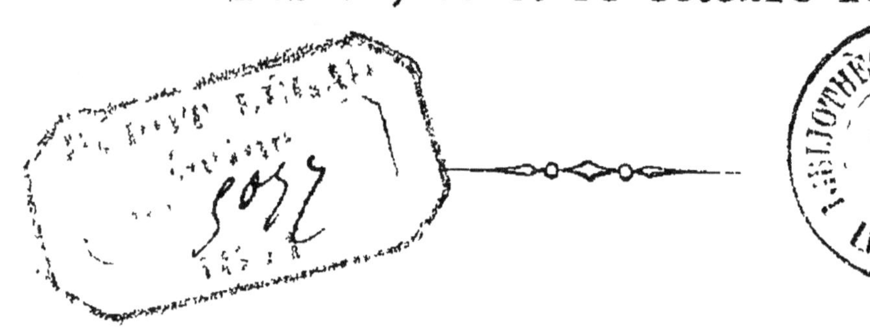

PARIS

IMPRIMERIE DE CHARLES NOBLET

RUE SOUFFLOT, 18

—

1871

MESSIEURS,

Il y a un an à pareil jour, vous étiez tous réunis ici, vous qui m'entendez, et ceux qui reposent sous cette terre : vous combattiez ensemble pour la France !

Des détonations formidables retentissaient de toutes parts ; les obus éclataient autour de vous et faisaient voler en tous sens des fragments de fer, de pierre et de bois ; les balles sifflaient ; les maisons étaient percées à jour, s'écroulaient dans des nuages de poussière et de fumée, ou devenaient la proie des flammes ; les murs et les pavés étaient tachés de sang ; çà et là, les hommes tombaient ; alentour, dans la plaine, derrière la fournaise des batteries ennemies, se déployaient les grandes lignes sombres de l'infanterie prussienne. C'était votre troisième jour de bataille.

Le vendredi 28 octobre, à trois heures du matin, le général de Bellemare avait fait exécuter sur le Bourget, par 300 francs-tireurs de la Presse, un coup de main très-hardi. Les Prussiens, qui étaient maîtres du village depuis six semaines, furent refoulés jusqu'au Pont-Iblon.

Vainement ils tentèrent un retour ; ils ne purent reprendre la position, défendue alors par un bataillon du 34ᵉ de marche et le 14ᵉ des mobiles de la Seine. Ces troupes, soutenues par deux pièces de quatre et une mitrailleuse, avaient pour réserve le

16e mobiles et un demi-bataillon du 28e de marche.

A l'approche de la nuit, après cinq heures d'un feu suivi, les Prussiens se retirèrent.

Mais, ayant sans doute appris que notre réserve et notre artillerie étaient rentrées, ils reparurent à sept heures et demie. Ils se déployèrent en tirailleurs devant une barricade que gardait la 3e compagnie du 14e bataillon. Cet ouvrage, construit à la hâte à l'angle des deux rues du Bourget, dont il fermait l'entrée, était inachevé; on n'en eut que plus de mérite à ne pas le laisser enlever; avec un grand sang-froid, on attendit les Prussiens de pied ferme et l'on ne fit feu que lorsqu'ils furent à bonne portée. Ils battirent en retraite, laissant plusieurs hommes sur le terrain.

Un autre détachement ennemi s'était approché à quarante pas de la barricade du cimetière. Mais l'alerte est donnée, et, en moins de cinq minutes, le peloton est en ligne, maintient ses positions et fait subir aux grenadiers de la garde prussienne une perte de soixante hommes.

Le feu n'avait pas encore cessé, lorsqu'arriva au pas de course le 12e bataillon des mobiles de la Seine.

A sa tête marchait le commandant Baroche.

Il fit sur-le-champ passer plusieurs compagnies du côté droit du village et établit son centre un peu au-dessous de l'église.

Pendant la nuit, on continua à se retrancher le plus solidement possible.

C'est dans cette situation que vous trouva la matinée du samedi.

Dès six heures du matin, un grand mouvement de troupes fut signalé du côté de l'ennemi. Le général de Bellemare renforça aussitôt le Bourget d'un bataillon de voltigeurs (28e de marche), de quatre pièces de quatre et d'une mitrailleuse. Il était temps : à huit heures, le feu recommença autrement nourri que la veille : on n'évalue pas à moins de 1,800 le nombre des projectiles que quarante bouches à feu firent, pendant près de neuf heures, pleuvoir sans interruption sur le Bourget. Mais nos braves mobiles conservèrent leurs rangs avec la fermeté calme de troupes éprouvées, et rien ne put leur faire lâcher pied.

« Mêlé plus particulièrement aux troupes du 12e bataillon, dit un témoin oculaire, j'ai pu apprécier de près la belle conduite du commandant Baroche : insouciant du danger, il se portait constamment aux points les plus exposés, parcourait les lignes de défense, donnait ses ordres avec l'impassibilité du vieux soldat, et inspirait la confiance à ses hommes qu'il entraînait avec lui à travers la fumée et la mitraille. »

C'est dans cette journée qu'il dit avec un triste sourire à l'un de ses officiers : « Eh bien, capitaine, il paraît que le boulet qui doit nous tuer n'est pas encore fondu ! »

Cependant, les Prussiens, s'obstinant à nous reprendre cette importante position, travaillèrent, sous une pluie torrentielle, à rapprocher et à doubler le nombre de leurs batteries, et mirent à profit l'obscurité pour faire avancer en silence des forces considérables.

De leur côté, nos hommes, qui pourtant n'avaient pris aucun repos et étaient à peu près à jeun depuis trente-six heures, nos hommes veillaient ; et lorsque, vers dix heures, à la faveur de la lumière électrique projetée par les forts, nos sentinelles avancées aperçurent les Prussiens à 300 mètres, le feu des créneaux les força de se retirer en laissant encore des morts.

Vous étiez vainqueurs une seconde fois.

L'ennemi, exaspéré, résolut d'en finir.

Le 30 octobre, vers le point du jour, le Bourget se trouva débordé par des troupes qui défilaient rapidement et sans bruit.

Les unes arrivaient de Dugny, qui est là, les autres descendaient vers Drancy qui est derrière nous et menaçait la route qui conduit au bas du Bourget. Les bataillons postés en avant du Pont-Iblon se tenaient immobiles, attendant que l'exécution des mouvements tournants fût assez complète pour leur permettre d'attaquer le Bourget de front.

Les forces prussiennes se composaient de 18,000 hommes en ligne et de 48 pièces en batterie, sans compter les réserves prêtes à donner, qui comptaient plus de 22,000 hommes et 48 autres pièces d'artillerie.

Nos troupes, qui disposaient en tout de 2 pièces de quatre et d'une mitrailleuse et se composaient de 3,100 hommes, se trouvèrent tout à coup réduites à 1,600 hommes, par suite de la retraite de 1,500 hommes et des deux pièces, qui eut lieu à sept heures du matin.

Il ne resta plus pour défendre le Bourget que le commandant Brasseur, du 28e de marche, avec 700 hommes et 4 officiers ;

Le commandant Ernest Baroche, du 12e bataillon de mobiles, avec 200 hommes et 8 officiers ;

Le capitaine Faurez, du 14e mobiles, avec 450 hommes et 14 officiers ;

Les francs-tireurs de la Presse au nombre de 190 hommes commandés par 8 officiers.

Cette fois la victoire était impossible.

Mais les commandants Brasseur et Baroche avaient reçu l'ordre de résister jusqu'à la dernière extrémité. Ils obéirent. Et leur héroïsme était d'autant plus grand qu'ils n'avaient pas d'illusion sur l'état des choses. Baroche dit à ses soldats :

« C'est aujourd'hui, mes amis, qu'il faut apprendre à se faire tuer. »

Ces simples et belles paroles étaient dignes de celui qui les prononçait comme de ceux à qui elles étaient adressées ; elles furent bien comprises : on se fit tuer.

Entre sept et huit heures l'ennemi ouvrit le feu, et *en 40 minutes* il couvrit le village de plus de 1,500 obus et boîtes à mitraille.

A huit heures et demie, les Prussiens font une première tentative sur la barricade du haut. Forcés de reculer, ils nous accablent de nouveau à coups de mitraille.

Une heure plus tard, le colonel prussien Waldersée saisit un drapeau et ramène ses troupes à l'assaut. La barricade est enfin enlevée après un combat terrible qui coûte la vie à un grand nombre de soldats prussiens et à leur colonel.

Les nôtres fléchissaient sous le nombre. Les Prussiens réussirent à faire brèche dans nos faibles remparts. Force fut alors de se retirer dans les maisons que l'ennemi dut assiéger une à une.

Toutes ont été défendues pied à pied, et avec une

telle rage que les chassepots et les fusils à aiguille
s'entrechoquaient souvent dans les mêmes créneaux.
« J'ai vu, dit M. Ozou de Verrie, — ce noble vieil-
lard de 66 ans, qui, dans ces affreuses journées, dé-
ploya, avec le concours de sa sainte femme, un tel
dévouement qu'il en mourut, — j'ai vu des mobiles,
debout, dépassant de la moitié du corps la crête
d'un mur, frapper de droite et de gauche avec la
crosse, et balayer ainsi les baïonnettes ennemies. »

L'église fut le lieu d'une lutte épouvantable ;
les voltigeurs qu'y avait placés le commandant Brasseur s'y maintinrent jusqu'à plus de onze heures.
Ce n'est qu'en escaladant les fenêtres hautes que les
Prussiens purent s'en rendre maîtres. Le capitaine
Cavellini fut mortellement frappé aux créneaux ; le
capitaine Ain fut tué à l'assaut de la maison qu'il
défendait. Il ne restait plus qu'un officier à la 3e compagnie du 12e bataillon, qui dut enfin céder au
nombre.

Les sous-officiers et les soldats tombaient par
groupes !

On ne prit les survivants qu'épuisés par la faim,
par une longue lutte à outrance et lorsqu'il ne leur
restait plus ni une seule cartouche ni une arme qui
ne fût brisée ou faussée !

C'est ainsi qu'avant midi nous perdîmes, tant tués
que prisonniers, plus de 1,200 hommes.

Le centre du Bourget était toujours défendu, sur
la gauche, par le commandant Brasseur, avec une
centaine de soldats ; sur le côté droit, par le commandant Baroche avec 60 hommes ; dans un pavillon
voisin se tenaient 36 mobiles et une dizaine de nos
admirables francs-tireurs. Il n'y avait plus en ligne

que 200 hommes ; ils vendirent chèrement la victoire.

Depuis onze heures du matin, le commandant Baroche faisait le coup de feu comme un simple soldat, tirant constamment par les fenêtres avec des chassepots que lui passaient ses mobiles. Il fut atteint à l'œil droit par un éclat de pierre qu'une balle détacha du montant de la fenêtre. On veut le panser, laver son visage ensanglanté; il refuse, se bande l'œil avec son mouchoir et continue à tirer. *Je vous demande de tenir encore une demi-heure, dit-il à ses hommes ; il est impossible que, d'ici là, nous ne recevions pas du secours.*

Peu d'instants après Ernest Baroche descend pour donner un ordre. A peine a-t-il fait quelques pas vers la grille de la rue qu'il tombe frappé au cœur par une balle.

Par un triste caprice du sort, son illustre père expirait dans l'exil le même jour et presque à la même heure.

Le commandant Brasseur continue le feu avec une énergie désespérée, mais il est bientôt blessé....

Tant de constance et de courage, tant de dévouement héroïque ne devait pas être récompensé!

A une heure, les Prussiens rapprochent encore leur artillerie et, après un suprême carnage, les derniers défenseurs du Bouget sont enfin enlevés.

Nous avions perdu dans ces divers combats 313 morts!

Quelques heures plus tard, à la tombée du jour, de longues files de prisonniers, blessés aussi bien que valides, se déroulaient lentement et péniblement dans la campagne, marchant vers le Nord.

C'était, Messieurs, une nouvelle série d'épreuves qui commençait pour vous :

Le long et triste séjour sur la terre étrangère, l'isolement, aggravés par le spectacle irritant de la joie de nos ennemis à chacune de ces victoires qui vous brisaient le cœur, la misère la plus âpre pendant un hiver rigoureux, l'épidémie qui vous moissonnait, et jusqu'au meurtre même qui dans un tumulte populaire à Erfurt frappa quatre soldats français.

Mais avec votre patriotisme si pur, une chose entre toutes vous soutenait au milieu de ces maux ; c'est ce sentiment de l'honneur militaire, qui est une des forces de l'armée et de la France, et auquel on n'a pas vu forfaire un seul d'entre vous, si jeunes pourtant dans la carrière des armes : non, ni le désir de revoir les êtres qui vous étaient chers, ni la volonté de venir au secours du pays, et de verser encore une fois votre sang pour lui, encore moins l'appât de récompenses accordées peut-être facilement aux évadés, rien ne vous fit transgresser la parole que vous aviez loyalement donnée.

Aussi, Messieurs, votre captivité si dignement, si noblement supportée, n'a fait qu'accroître la gloire de votre défaite, et l'on a pu dire, en parlant de vous, ce que l'étranger avait dit de tous ceux qui vous avaient précédés dans la voie des désastres : honneur aux vaincus !

Officiers, sous-officiers et soldats des 28e de marche, 12e et 14e bataillons des mobiles de la Seine et francs-tireurs de la Presse,

Pendant trois jours et deux nuits, sans être relevés comme vous auriez dû l'être, sans vivres ou à peu près, sans artillerie sérieuse, quoique le général de

Bellemare en eût à plusieurs reprises instamment demandé au gouverneur de Paris, sans être secourus à l'heure décisive, vous avez soutenu avec le sang-froid et la solidité de vieilles troupes un feu d'enfer, dont des soldats de Crimée et d'Italie, étonnés, ont pu dire qu'ils n'avaient jamais rien vu de pareil. Vous avez vaincu deux fois les Prussiens, et ce n'est qu'après avoir résisté, autant que les forces humaines le permettaient, à l'élite des vainqueurs de Sadowa, à la garde royale lancée contre vous, que vous avez succombé : encore a-t-il fallu, pour triompher de votre valeur, mettre en ligne près de la moitié de toute la garde.

Vous vous êtes battus *un contre sept !*

L'ennemi lui-même vous a rendu hautement justice, et le prince de Wurtemberg vous a appelés dans son ordre « les meilleures troupes de la garnison de Paris. » Pour les Allemands, les combats du Bourget sont au nombre des plus terribles qu'ils aient livrés, et parmi ceux du siége de Paris, ils n'y voient de comparable que la sanglante bataille de Champigny. En effet, vous leur avez fait payer chèrement la victoire : vous leur avez frappé tant de monde qu'ils ne pouvaient trouver assez de voitures pour transporter leurs blessés ; et vous leur avez tué plus de 1,000 hommes et 40 officiers dont deux colonels.

Officiers, sous-officiers et soldats, vous avez bien mérité de la patrie !

Cette parole, Messieurs, n'est que l'expression du sentiment public, et l'histoire ratifiera ce jugement porté sur des hommes qui y ont conquis une place le fer à la main, sur ceux que l'on appelle déjà *les braves du Bourget.*

Ne plaignons donc pas nos morts : la France ne les oublie pas, la postérité les honorera.

Sait-on bien d'ailleurs, en ces temps d'affliction, qui sont les plus malheureux de ceux qui meurent ou de ceux qui survivent?

Ceux qui reposent ici sont tombés pleins de foi dans le salut de Paris, de ce Paris si calomnié, de ce Paris réprouvé pour des fautes dont il n'est pas l'auteur, de ce Paris abandonné, momentanément découronné, qui sera toujours la tête du monde. Ces enfants de Paris qui ont su si bien mourir, croyaient au chef suprême de l'armée et aux gouvernants, et la mort les a emportés avec leurs illusions. Elle leur a aussi épargné de cruels spectacles : ils n'ont pas vu la grande cité payer tribut à l'étranger, lui livrer sa garnison et ses armes et lui ouvrir ses portes ; ils n'ont pas vu le drapeau prussien flotter insolemment sur tous nos forts. Ils n'ont pas non plus connu ce traité qui livre à la Prusse notre or, «nos forteresses, notre territoire», les plus françaises et les plus chères de nos provinces. Ah! ne les plaignons pas, Messieurs, ceux qui sont morts au champ d'honneur.

Et qui sait? Si de là-haut ils jettent un regard sur ce qui se passe en ce monde, peut-être connaissent-ils en même temps l'avenir, et peut-être cet avenir les console-t-il de notre incomparable malheur.

Oui, il doit en être ainsi.

Messieurs,

Il est dans la vie des nations des jours terribles où tout s'écroule autour d'elles, où le sol semble s'entr'ouvrir sous leurs pas pour les engloutir, où la Providence elle-même paraît s'acharner à leur destruction : tout fait défaut à la fois ; l'organisation est imparfaite ; les capitaines sont insuffisants ou infidèles ; les factions mettent à profit la présence de l'étranger pour fomenter des séditions ; la guerre civile ajoute ses maux aux maux de la guerre étrangère.

C'est la destinée de la France de traverser, sans y périr, des orages de ce genre.

Rappelez-vous, à certaines époques tourmentées de notre histoire, ces désastreuses batailles dans lesquelles succombaient, autour du souverain, la fleur de la noblesse, l'élite du peuple, toutes les forces vives et la fortune de la nation, défaites immenses au lendemain desquelles le pays voyait toujours ses frontières devenir plus étroites.

C'est Crécy où périrent 11 princes et 30,000 soldats, chiffre énorme pour le temps, et d'où Philippe de Valois se retire presque seul.

C'est Poitiers où le roi Jean est pris, où tombent 12,000 hommes, Poitiers qui nous coûte *onze* provinces.

C'est Azincourt, où toute la chevalerie française est moissonnée, et qui donne la couronne de France au roi d'Angleterre.

Songeons enfin à ce qu'était la France française sous celui qu'on n'appelait plus que le roi de Bourges : quelques duchés au delà de la Loire formaient tout son domaine. Eh bien ! six ans plus tard, la France était reconquise, reconstituée, et plus grande qu'elle ne l'avait jamais été.

Une heure semblable sonnera pour notre génération, j'en ai, comme vous tous, la conviction profonde, inébranlable.

Cette heure, — dont il faut nous bien garder de précipiter la venue, — est peut-être moins éloignée qu'on ne le croit : si Metz et Strasbourg sont souillés aujourd'hui comme l'étaient naguère Milan et Venise par la présence des Tudesques, songeons que, deux ans avant la guerre d'Italie, nul ne prévoyait que le Milanais allait être affranchi ; un an avant la bataille de Sadowa, nul ne se doutait que Venise allait être délivrée et les Barbares chassés de la terre italienne.

Ne croyez donc pas ceux qui vous disent : « L'armée est ruinée, le peuple est dégénéré, la France n'est plus. » Ne prêtez pas l'oreille aux discours décourageants de ces hommes débiles que l'adversité abat du premier coup : que vos âmes soient fermes, élevez vos cœurs, tenez-les supérieurs à la mauvaise fortune. Non, la France n'est pas morte ; non, la France ne périra pas ; non, elle ne sera pas une nouvelle Pologne, déchirée sans pitié par les partis au profit d'un étranger rapace : l'ordre se fera, la réorganisation s'accomplira, l'apaisement des passions politiques ramènera la concorde, et la société française reprendra le cours régulier de sa vie à l'abri d'institutions fortes et respectées. Alors nous aurons une armée aussi nombreuse que vaillante ; alors les États voisins rechercheront notre alliance ; et le jour où la voix de Dieu nous appellera sur les champs de bataille, ce sera en bénissant nos armes.

La France, toutefois, ne peut être sauvée qu'à une condition.

C'est que l'amour de la patrie remplisse nos cœurs.

Dans ces dernières années, une doctrine nouvelle s'est produite audacieusement. On a osé enseigner

que la patrie est un vain mot, que toutes les nations
sont sœurs, et l'on a propagé je ne sais quel cynique
cosmopolitisme international qui a troublé profondé-
ment et énervé bien des âmes. Messieurs, à ces fu-
nestes prédications qui nous ont fait tant de mal, il
y a bien des réponses à faire; mais je me bornerai à
demander aux philosophes sans entrailles qui nous
défendent d'aimer notre pays, si la Prusse est notre
sœur? si l'Europe tout entière ne nous a pas aban-
donnés? et si la République des Etats-Unis, qui n'a
pas eu pour nous une parole de sympathie sérieuse,
n'a pas chaleureusement félicité le vainqueur ?

Soyons Français, Messieurs, et ne nous laissons pas
égarer par les sophismes. La preuve que le sentiment
patriotique est l'un des plus hauts, des plus purs et
des plus vrais, c'est ce que vous avez fait ici il y a un
an, c'est le sang que vous avez versé, c'est la mort
que trois cents jeunes héros ont trouvée, ont cherchée
en ces lieux. On ne combat pas ainsi, on ne sacrifie
pas ainsi sa vie pour un devoir chimérique, pour un
préjugé ridicule.

C'est pourquoi, je vous en conjure, vous qu'une
pensée pieuse a rassemblés ici, avant de laisser nos
chers morts à leur solitude, gravons leur souvenir
au fond de nos cœurs: leur memoire est inséparable,
non d'un vulgaire sentiment de vengeance, qui ne
peut pas tenir une grande place dans l'âme de soldats tels que vous, mais d'une pensée plus virile et
plus noble.

Leur tâche est terminée; la nôtre recommence : il
nous faut préparer nos cœurs et nos bras pour la
grande lutte. Ne l'oublions pas un moment.

C'est à ce prix qu'un jour, j'en ai la confiance, nous

nous retrouverons ici — pour la plupart ! — après la victoire. Au bas de la liste des noms qui vont être inscrits sur ce monument, nous pourrons avec orgueil ajouter ces mots :

Le sang des martyrs a été une féconde semence ;
Vos frères se sont montrés dignes de vous ;
La frontière est reconquise ;
Reposez en paix !